靈・修・著・作・精・選

荒漠的智慧

沙漠教父語錄觀照

野村湯史 作畫及英譯
莊柔玉 中譯
盧雲 導讀

基道出版社

▼

靈修著作精選

荒漠的智慧

沙漠教父語錄觀照

Desert Wisdom

Sayings from the Desert Fathers

導讀
盧雲 J.M. Nouwen

作畫及英譯者
野村湯史 Yushi Nomura

中譯者
莊柔玉

責任編輯
李慧儀

裝幀設計
郭曉勤

■

出版／發行
基道出版社
香港沙田火炭坳背灣街 26 號富騰工業中心 1011 室
LOGOS PUBLISHERS
Unit 1011, Fo Tan Ind. Centre, 26 Au Pui Wan St., Shatin, Hong Kong
電話：(852) 2687-0331　傳真：(852) 2687-0281
網址：http://www.logos.com.hk

承印
陽光印刷製本廠

●

1/2003 初版
Cat. No. LP608A
ISBN-10: 962-457-227-5
ISBN-13: 978-962-457-227-8
Originally published by Orbis Books as
Desert Wisdom

Translated and print with arrangement with
Orbus Books, Maryknoll, New York 10545

Printed in Hong Kong

刷次	10	9	8	7	6	5	4	3		
年份	2025	2024	2023	2022	2021	2020	2019	2018	2017	2016

謹將此書獻給

我已故的父親

從我的武士父親身上，我繼承了一份尊重傳統的精神

我已故的母親

我母親的生活方式，把我引進基督教的信仰

——

野村湯史

中文出版序

在可譯與不可譯之間，在圖畫與文字之間

鄧紹光

翻譯是一種溝通，嘗試以自己的文字了解和明白另一種文字。然而，因為是兩種不同的文字，所以中間的了解和明白並不是再現、反映。必須正視當中的差異。差異使得翻譯成為必須，否則即不可了解，不可溝通。但差異也使得翻譯永無窮盡，因為他者自身永無窮盡。在這樣的一種情況底下，翻譯是一種吊詭。

太初有差異。差異讓我們謙卑，不敢造次。差異讓我們敞開、倒空自己，好進入異己的文字之中，而了解、明白。在這一過程之中，我們首先遭遇的乃是自身的潛移默化，在文字的世界中轉化、成長、更新，脫胎換骨。可是，也不要以為這是一種全然的同化、失去自我。實質上，我們是以最大容納性、最具彈性的文字，去了解、明白。當中總有遺漏。

遺漏，不一定是缺陷。翻譯，即使已臻化境，亦免不了遺漏。這就指出了翻譯的界限。沒有翻譯的這一種免不了的遺漏，大概我們仍然會執著於全然再現、反映的文字轉換觀點。只有遺漏的翻譯，才讓我們真正認識自己，以及了解、明白他者：他者原來是不可徹底為我的文字所轉換的，我的文字原來是我自己的界限。

如此，翻譯之舉動，也是悟道之機緣了。

沙漠教父教母的言行，純樸率真，直指人心。唯有純樸率真，才能無有奇巧，才能越過話語文字之迷障，而歸於當下自我生命之體悟。平平無奇，而可抗衡種種教人目眩神往的說詞，從虛構的華麗之迷失中救拔出來。簡樸，才是最有力的、最有深度的。文字與圖畫都是如此。

文字與圖畫，其實都不過是痕迹。若真懂這個道理，也就不會崇拜文字，執之為偶像，也不必害怕教會歷來的圖像(icon)教化。有所執，非關外在之文字、客觀之圖畫／圖像，全都在乎一心。心有所執，沒有文字、圖畫／圖像，仍可執己，為自己造像。心無所執，則一切文字、圖畫／圖像具是痕迹，悟道之機緣，得救之方便。

簡樸的文字，簡樸的圖畫，它們之間，究竟哪一個解釋哪一個？甚麼是原本？甚麼是複製？原文是原本，翻譯是複製？文字是原本，圖畫是複製？原來，不過是無限無底無本之深奧，它以文字，以圖畫，以翻譯來揭示自己的無窮無盡。一切都在這無限無底無本的深奧之中，歸於平平無奇、樸實無華，而當下體認自身之生命。如此而已。

二○○二年十二月三日

中譯者序

隱形與透明——從《荒漠的智慧》看翻譯語錄的玄機

莊柔玉

提起沙漠，現代的中國讀者會聯想到甚麼呢？黃沙萬里的大漠上，幾頭駱駝拖曳著一隊唐代的絲綢商旅？塵土飛揚的客棧前，閃爍著一批明代官兵與數名蒙面俠客的刀光劍影？原來，沙漠這片寸草不生、人迹罕至的荒野，是基督教隱修運動的發源地。在公元四、五世紀，一些基督徒隱士逃遁到古埃及的沙漠，撤出權慾高漲的社會對人的操縱，以獨處、靜默、祈禱等寒微的生活方式來尋求救贖、見證救恩。簡單、原始、素樸、平靜背後，是一份捨己、刻苦的堅執。他們的言行揭示，當生活的焦點從社會複雜的網絡撤離，完全移到信仰的核心神的身上時，多矛盾、多無奈、多費解、多奇特的境況，都會變得豁然開朗。沙漠教父與教母苦行、禁慾生活帶來的，不是壓制，而是釋放。那種從謙卑、信靠迸發出來的生命力，也許就是沙漠智慧的精髓；而翻譯《荒漠的智慧》，也許須要先參悟這種生命力的玄機。

這個譯本的原著本身也是譯作，譯者是一位日本的藝術家和神學家。他依據的分別是一八四九年與一八五八年於巴黎出版的拉丁文和希臘文版本。他惟一談及的翻譯策略是：「為了保留原文簡單樸實的風格，我嘗試以平白的現代英語來翻譯，同時也盡可能採用性別內包語言。」換言之，原著是「簡單樸實」的，而湯史的譯本也盡量保留這種風格。至於對「性別內包語言」的強調，湯史沒有進一步加以闡述，這或許跟日本文化重男輕女的傳統有關，反映了他對男女平等觀念的重視。

在翻譯策略上，譯者若然注重原文的精神面貌，理論上應該對湯史的譯著亦步亦趨，特別是在秉承「簡單樸實」的風格上，力求做到一脈相承。基於這個考慮，譯者不可能採用莊子式雄奇恢宏而妙趣橫生的筆調來重塑玄奧的智慧；也不宜用隱晦、精鍊、艱澀、玄奧的佛偈來重現沙漠教父教母的言行。這種把沙漠教父歸化入中國文學傳統的翻譯手法，除了會造成文化視野的混亂外，更重要的是，它與沙漠教父的生活方式格格不入。

沙漠教父追隨的是極度簡樸清苦的生活，寡言慎行，既不會雄辯滔滔地與你闡釋微言大義，也不會迂迴曲折地向你講述三世傳奇。言簡意賅，實而不華。既不會藉華麗文采使你屈從，也不會以艱深理論叫你著迷。那些教人目眩神往的論說風格，也許正是他們要撤離的其中一種社會壓制。翻譯語錄，必須翻譯出說話的人的個性。翻譯沙漠教父的言行，特別是他們的談話內容，不用平白素樸的文字，不免欠缺真實感，有失說服力，使文本出現不必要的斷裂。

譯者在這種情境下，應該盡量隱形，盡量約束自己的文筆，不要加入額外的修飾，才不會成為再現原文的障礙物。譯者愈是隱形，原文就愈透明，沙漠教父的語錄就不會因為歸化的翻譯策略而變得面目全非，或貌合神離了。然而，隱形不等於直譯、硬譯、不消化原文信息而搬字過紙。這樣只會讓讀者發現譯者無處不在、或譯者正苦苦地與文字搏鬥、或譯者在機械地處理一堆符號、或譯者正在東施效顰⋯⋯隱形的意思就是盡量避免在淺白的文字上自加潤飾；因為每個潤飾的地方就會為文字加添了著力點；而每個著力點都會突顯筆者的寫作風格，甚至是其主觀投射的情緒或詮釋。隱形的譯者，就是在文字風格上自我禁制、自我規限、自我隱沒的譯者。

沙漠教父教母的故事十分強調謙卑：只有謙卑的修道者，才能貫徹始終地實踐遺世特立的苦行生活；只有持久的苦行生活，才能修煉出真正的謙卑。假如譯作必須重現原著的神韻，才是恰當的翻譯，那麼，在翻譯的過程中，譯者的心靈要不斷與原作呼應，才能使原文的生命力再度迸發出來。假如文字的內容和風格必須巧妙結合，才是理想的作品，那麼，只有隱形的譯者，才能呼應教父謙卑的心靈，使教父的謙卑不會因為譯者從中作梗而變得晦暗無光；只有像沙漠教父的語錄的原著，才能喚起譯者謙卑的意識，使譯者通過翻譯《荒漠的智慧》而掌握隱形的真諦。

一個譯者為著如何翻譯《荒漠的智慧》大費周章，想問道於沙漠教父。他得到的回應或許是：正如只有謙卑的心，才能領受偉大的智慧；只有隱形的譯者，才能譯出透明的文字——因為愈是自我隱沒的文筆，就愈能釋放沙漠智慧的玄機。

二〇〇二年七月二十四日

英譯者序

《荒漠的智慧》

野村湯史

這些來自公元四、五世紀基督教修隱士的故事和言論，在基督教傳統中有著一個獨特的位置。它們是西方整個隱修運動的靈感泉源，亦被學者視作早期基督教著作其中一組重要的文獻。但對其他人來説，它們在今天並不為人熟悉。為了更廣泛地傳達這些豐富而獨特的言論，我從拉丁文和希臘文的文本中選譯了一些故事，並用日本的畫筆和墨汁把它們以視覺的方式詮釋出來。

這個譯本依據的文本是米涅(J. P. Migne)編的《拉丁教父》(*Patrologia Latina*)第七十三卷(巴黎，1849)及《希臘教父》(*Patrologia Graeca*)第六十五卷(巴黎，1858)。為了保留原文簡單樸實的風格，我嘗試以平白的現代英語來翻譯，同時也盡可能採用性別內包語言。我相信即使語言不是內包的，這些故事的精神是無性別區分的，所以也藉圖畫本身來説明這點。我在這個譯本中保留了阿拉姆語Abba和Amma兩詞。它們分別指「父親」和「母親」，是一般對屬靈教父和教母敬愛的尊稱。

這個出版計劃源自耶魯神學院(Yale Divinity School)一個名為「沙漠靈性與當代事奉」的課程。教授這個課程的是亨利．盧雲(Henri J. M. Nouwen)，但他給予我的體諒與鼓勵已遠超課堂的學習。沒有盧雲這位奇妙的老師及偉大的朋友在精神上及其他方面給予我這麼強大的支持，這本書根本不可能會以現在的形式出現。卡倫·約翰遜(Karen Johnson)不單助我修正和提煉我的英語風格，而且還不辭勞苦地按照原來的拉丁及希臘版本核對譯文，提供了許多重要的建議。在成書的過程中，卡倫充滿愛心的性格給我帶來信心。還有很多人在這個計劃的不同階段直接或間接參與其中。特別要提的是我在耶魯神學院、紐黑文(New Haven)的施粥所、東哈萊姆(East Harlem)的活望教會及紐約市(New York City)的一些摯友，他們由始至終都是鼓舞和靈感的泉源。最後，我想感謝已故的父親和姊姊，多謝他們體諒我因為這個計劃而要遠離家園好一段時間。

引言

亨利．盧雲

這本書輯錄了來自荒漠的故事，是我的朋友野村湯史 (Yushi Nomura) 翻譯和繪畫而成的。我為著有機會介紹這部精彩的著作而感恩，因為打從出書構思首次表達的一刻，我已感到與這個計劃有著緊密的聯繫。

我打算在這個引言部分帶出三樣事情。首先，我想描述一下這些沙漠故事如何奇妙地打破日本、美國、荷蘭和秘魯之間的隔閡，並在非常個人的層面上把我跟湯史及其作品聯繫起來。其次，我想引介一下沙漠教父和沙漠教母，指出他們的屬靈掙扎跟我們的如何基本上大同小異。最後，我期望可以説服讀者，告訴他們那些故事不僅有能力給予人新的靈感，而且甚至可以帶給人新的生命。

我是在秘魯利馬 (Lima) 市郊的上潘普洛納 (Pamplona Alta) 這個大分區寫下這些文字的。二十五年前，這裏是一個原始空蕩的沙漠，今天它已變成一個城市，超過十萬個貧困的秘魯人在此掙扎求生。

我來這裏只有四個星期，但彷彿已離開荷蘭這個我出生、度過輕鬆的童年、成為教士、讀書和教學的地方很久很久，也彷彿離開美國康涅狄格州 (Connecticut) 這個我在剛過去的十年與神學生一同生活和工作的地方很久很久。

我在這個炎熱、灰塵瀰漫的沙漠城市做甚麼呢？在這個陌生的新世界，數不盡的小孩子走到我跟前抱我吻我將我當樹爬；無數的青少年在鬆軟的黃沙上踢足球；眾多友善的男女在說著 "Buenos días"〔意即早晨〕；偶爾一個醉漢走過來攬著我問我一條關於人生意義的深奧問題——我在這裏做甚麼呢？在這個樹木不生的地方，揚聲器在屋頂嘶喊著本地新聞；嘎吱作響的留聲機不停播放直到清晨；成千上萬營養不良的雞犬爭相鳴吠；還夾雜著小販的叫聲、嬰兒的哭聲、停不了的詛咒與眼淚、說不盡的對將來一切的恐慌——我在這裏做甚麼呢？為甚麼我身處這個遠離書本、學生、討論小組、演講室的地方？我沒有精確的答案，但我深深知道來自另一個沙漠的聲音與此大有關連。那是四、五世紀時古埃及隱士的聲音。自從聽過他們的故事、讀過他們的雋語後，我曉得有一種值得我們尋覓的智慧，一種對有學問的人隱藏起來而只對小孩子開顯的智慧。

其中一個沙漠教父叫做阿西尼厄斯（Arsenius）。這位富有而受過高深教育的貴族離開羅馬，走到沙漠去尋求救贖。關於他有這樣的故事：「有一天，阿西尼厄斯教父向一位古埃及人老先生請教，想聽取他對自己一些想法的意見。有人看見這種情景，對他說：『阿西尼厄斯教父，像你這種深諳希臘文和拉丁文的人，為甚麼會問道於這樣一個農夫？』他答曰：『不錯，拉丁文和希臘文的知識，我是學過的；但這個農夫的學問，我連字母都未學過。』」

也許，這就是我在這裏的原因。要從一個與我同住的家庭身上，也就是從其家庭成員巴布（Pablo）、索菲亞（Sofía）、巴布列圖（Pablito）、朱安力圖（Juanito）、馬利亞（María）身上，學習一套新字母。這套字母以一種全新的方式，拼寫著忍耐、謙卑、喜樂、盼望、仁愛：一種貧窮人的拼寫方式、一種遭受壓迫和剝削者的拼寫方式、一種神變成僕人的拼寫方式。

我在秘魯尋找沙漠智慧的當兒，我的朋友野村湯史則在康涅狄格州紐黑文的施粥所的貧苦人中尋覓它。同樣地，對他來說，埃及沙漠的教父和教母正解答著他的問題：「為甚麼我在這裏？」湯史從日本到美國留學，當他碰上埃及沙漠那些簡單而深奧的故事時，他的日本精神深受激發，驅使他想把那些故事寫下來，以至它們不單能被閱讀，而且能被看見和感受。於是，他憑著自己敏感的心靈、藝術的筆觸，把這些古老的文字繪成簇新的圖畫，好叫它們能更直接觸摸人心。湯史曉得字體的作用並不停留在傳遞意念上，日本的書法家已向他顯示，細心書寫的字體本身就是信息，並較其所代表的意義更能打進靈魂的深處。湯史也曉得埃及的基督教修士跟日本的佛教僧侶並非互不相干的：兩者都力圖拋開今世的幻象和欺罔；兩者都竭力尋找神那不滅的光。因此，湯史把埃及的沙漠故事放進日本的寺院環境，從而創建了一個空間，讓他心中的基督和佛祖可彼此開放、互相交流。

沙漠的智慧對在紐黑文的窮苦大眾中工作的湯史來說，顯得有血有肉。我身在秘魯時，他給我的一封信這樣寫著：「在這個施粥所，愈來愈多無業的人前來，有些帶著孩子。我總喜歡與他們一起吃飯，傾聽他們的故事，分享我知道的事情。他們是我的朋友、師長及啦啦隊。我希望自己對他們的意義至少不亞於他們對我的。我跟他們攀談時，埃及沙漠的教父教母會來到我心中，告訴我該說甚麼。有時候，我在施粥所的朋友身上瞥見『教父和教母的特質』。這叫我感到自己猶如一個小弟兄，被一羣沙漠教父和教母包圍著。」這段奇妙的文字使我意識到利馬和紐黑文的距離竟是如斯的短。

我和湯史是在耶魯神學院的教室中相識的。我在課堂中講述沙漠教父和沙漠教母的故事，而他則邊聽邊寫筆記。然後，那些沙漠故事自然而然地展開了神奇的改變工作。通過他的書法和畫，他叫我看見的多於我曾展示給他的。他成為我的老師，使我猶如未曾看過般再看那些故事。在我們中間發生的，是許多個世紀前在遠古的埃及荒漠所發生的事情：「一個老先生有一個好門徒。一天，他感到心煩，把門徒逐走。門徒卻坐在屋外靜候著。當老先生打開門，發現門徒一直靜坐那裏時，向他懺悔說：『你是我的教父，因為你的謙卑和忍耐戰勝了我狹隘的心胸。進來吧！從今天起，你才是那位老先生和教父，而我就是那個年青人和門徒，因為你作的美事已勝過我的老練。』」

荷蘭、秘魯、日本、美國彷彿截然不同的世界，無論在地理上及思想、感情、行為上都相距極遠。但當我和湯史用沙漠教父和教母的目光觀看我們的新環境時，我們發現彼此之間存在著一份超越一切距離和分歧的合一精神，這是一種任何人為界限都不能泯滅的靈裏合一精神。

這樣說來，這本書不僅包含了很多故事，還述說著自己的故事：一個見證了荒漠智慧把神聖的愛映照到我們心中，使我倆的友情藉此滋長的故事。

沙漠教父和沙漠教母究竟是甚麼人？他們是一羣撤出權慾高漲的社會給人的壓制和操縱，退到沙漠中與魔鬼對抗，並與神的愛相遇的男女。他們這羣人清楚意識到自從宗教迫害的時期結束、基督教被接納為社會「正常」的一部分後，基督那個叫人離開父母兄弟背起十字架跟從祂的呼召，已稀釋為一種人所接受而又令人舒服的宗教熱情，失去了其強大的改變生命的力量。埃及沙漠的教父和教母離開了這個充斥著妥協、調適的世界，撇棄不冷不熱的屬靈景況，選擇以獨處、靜默、祈禱這種全新的方式，見證被釘十字架並復活升天的主。因此，他們成為新一批「烈士」，不是以血來見證神，而是一心一意地從事體力勞動、禁食及禱告，藉著這種寒微的生活來見證神。

這些古代隱士的生活，可視為一種為了尋找真正身分而作出的艱辛而又往往痛苦的掙扎歷程。他們要逃離的，是一個由金錢、權力、名譽、成就、影響力、人脈網絡帶給人自尊的世界。這樣的世界鳴放著「你等於你擁有」的訊號。我們努力尋求的穩妥或安全感，這種虛假的身分永不能給予我們；反之，它把我們捲進一個永不滿足的渴望循環中，叫我們不斷追求更多——更多金錢、更多權力、更多朋友——使我們陷入一個幻象中，以為終有一天我們會抵達夢想之地，從此不再受任何人或事所傷害。沙漠的修道者深深意識到被這種幻象腐蝕的，不單是我們的社會，而且還有我們的教會。他們逃遁到沙漠去，就是為了掙脱這個強迫性的自我，剝下自我欺瞞的層層虛飾，從而尋回真正的自我。在遠離別人讚賞與批評的沙漠中，他們漸次認識到自己的身分並不是由其他人界定的，而是神創造出來的：神親生的兒女——在祂的靈中創造和再造的。在沙漠中，他們領悟到一旦仍試圖在神以外尋找自己的身分，他們必會墮入貪得無厭的惡性循環中。在沙漠中，他們發現真正的身分奠基於神自己先愛我們的真理上；這份愛使他們能擺脱強迫性的恐慌，使他們得以自由地、喜樂地、和平地置身於自己的社會中。

沙漠教父和教母的生活方式清晰揭示，尋回真正的身分並不是取得新靈感後就能成事這麼簡單。尋回真我有賴全然的轉化。這須要經歷一個漫長而往往緩慢的過程，其間我們會愈來愈走進真理當中，亦即是走進一段與神的真正關係中，並通過祂走進與自己的真正關係中。

那個沙漠——埃及教父和教母的沙漠，同時也是我們自己的屬靈沙漠——擁有雙重特質：既是曠野，又是天堂。它是曠野，因為在沙漠中要與攻擊我們的「野獸」，以及沉悶、悲傷、憤怒、驕傲這些魔鬼搏鬥。然而，它也是天堂，因為在沙漠中我們能夠與神相遇，親嘗祂的和平和喜樂。辛克蒂卡（Syncletica）教母說：「起初，走近神的人在面對掙扎之餘，還要付出很多心力，其後會湧現無比的喜樂。有如生火一樣：起先會煙霧瀰漫，薰得雙眼流淚，但其後你會取得預期的成果。因此，我們應該用眼淚和勞力點起內心神聖之火。」

假如認為沙漠教父和教母純粹為了尋求自身的救贖而走到沙漠去，那就對他們有所誤解了。尋求救贖無疑是他們修道生活重要的一環，但這種生活從來都不會割離於對較大的基督徒羣體的奉獻精神。他們的掙扎不獨是為自己，也是為其他基督徒的。他們認為沙漠是魔鬼在城市和鄉鎮進行破壞工作後撤守之地。他們走到沙漠去，要與這些魔鬼進行直接而不含糊的戰鬥，為全教會之名與魔鬼爭戰。沙漠的隱士也是為其他人服務的隱士。因此，我們較易明白為甚麼這麼多來自城市或鄉鎮的人、平信徒、教士、主教前往探望他們，尋求忠告、指引，或一字的安慰。同樣地，我們也較易理解為甚麼他們自認為接待訪客、幫助貧窮和有需要的人，是首要的責任。相較於服事鄰舍，即使最嚴厲的苦行方式也被視為較次要的。這解釋了為何其中一位沙漠智者這樣說：「就算那個禁食六天的弟兄將要氣絕身亡，他也不能跟那位服事病人的弟兄同日而語。」

由此可見，對沙漠教父教母來說，逃離世界有如逃出監獄一樣，他們逃走時抱著叫其他囚犯也逃出生天的意願。

在諸多沙漠故事中，野村湯史精心挑選了一些能直接跟我們說話的故事。這些故事自從首次被記載以來，至少活了十五個世紀。它們無須多加解釋。它們需要的，是讀者有一種作門徒的精神，即是一份願意聆聽、學習、被改變的情操。它們全都觸及我們自己的屬靈關注。它們回應著困擾我們的憤懣，以及心底那份對歡愉及報復不應渴求的渴求。它們指向謙卑，以及一種不帶論斷的生活方式。它們把言和行、說話和靜默、禱告和思想加以比較。它們提供了具體的建議，道出怎樣才是作為老師的最好方法，以及怎樣與人間的規條和睦共處。它們強調服事鄰舍的重要，並展示了順服、禱告、單純地信靠神所結的果子。支撐著凡此種種具體的暗示、建議和輔導的，是一個不間斷的信息：在我們的生活中，神的仁愛與恩慈常與我們同在。

湯史把沙漠故事從希臘文和拉丁文翻成英語、用美麗的字體把它們寫下來並配上日本水墨畫的那段日子裏，他寫信告訴我：「這些故事有強大的感染力，以至我能把沙漠的情境跟我遇到的人的情境連繫起來。這些取材自那些弟兄姊妹真實生活體驗的故事，在短小、直接、坦蕩、簡單的形式中迸發著生命力。它們既非傳說，也非寓言，而是散溢著生命力量的故事。當我徘徊在這些故事與我的朋友之間時，它們的力量往往叫我驚訝不已。」這個來自湯史私人生活的觀察，也許是這些故事最好的引言，因為這段文字反映了湯史確切地捕捉了我們為何要讀這些故事的原因：它們是散溢著生命力量的故事。

沙漠教父和教母沒有提出有關屬靈生命的理論，也沒有就此演講或著書立說。他們是簡單的隱士，過著安靜的生活，離開他們年代宏偉的經濟和文化中心，靠著體力勞動維持生計，並且不止息地向神禱告。現存的言論其實是他們對其他隱士、他們的門徒、偶爾到訪的客人的回應。這是針對具體問題的具體答案。這些言論從來不是為了宣講普遍的真理，它們原意是幫助一個尋道的弟兄或姊妹、糾正一個走錯方向的修士、給予一位沮喪的朋友勇氣、安慰一位傷心的父親或母親。

吊詭的是，這些本來只對一個人說的話竟然帶有一種能給予許多人生命氣息的力量，跟不少禪語或猶太教哈西派的言論異曲同工。那些最個人、最具體、最特殊的東西卻能觸碰身處於非常不同的年代、居住在非常不同的地方、面對著非常不同的處境的人的心靈。它們的獨特性創建了一個廣漠的空間，讓許多人在當中找到歸宿。當中有真實感、幽默、諷刺、責備、邀請、挑戰及熾熱的衷情。這些特質共同劃下安全而又富彈性的界線，使我們得以在其中來回走動，傾聽神對我們的呼召。

一個修士問其教父他應該如何生活，得到的回應是：「常常喜樂，不住的禱告，凡事謝恩。」另一個修士提出同樣的問題，聽到這樣的回答：「不要自以為義，不要為已做的事情擔憂，要控制你的舌頭和肚腹。」讀到這樣分歧的回應，我們微笑之餘，也曉得這不單反映了兩個修士是頗不同的人，而且也揭示了我們的心靈有空間同時容納兩種回應。因此，沙漠的故事成為我們每一位真心真意尋求神的人的故事。

對你這位拿起這本書、容讓這些言論進入你內心極深處的讀者，我和湯史想告訴你，這本書是愛的結晶品，是一段深厚的友誼結出的果子。它會在你耳邊喁喁細說真道，把當年伯撒連（Bessarion）教父在道格斯（Doulas）教父耳邊低聲說的話送到你耳邊：「神在這裏，神無處不在。」

一九八二，秘魯

荒漠的智慧

波門教父這樣說皮奧教父：每一天，他都擦出一個簇新的開始。

以賽亞教父說：若有人打算以惡還惡，
他就算只點一點頭，已能損害其弟兄的良心。

西索斯教父說：尋找神，而不是神住的地方。

有一個教父說：正如你不可能在一池濁水中
照見自己的臉；除非能排清異念，
否則你的靈魂亦不能在冥思中向神禱告。

據說，三年來，
阿加頓教父嘴裏都含著一顆石子，
直至他學會沉默。

小約翰教父說：我們放下一個輕擔，其名曰自我批評；而背起一個重擔，其名曰自我辯護。

提比的約翰教父說：修道之士，最重要的是要謙卑。
其實，這是救世主宣告的第一誡命。祂說：
虛心的人有福了，因為天國是他們的。

西提斯這地方規定復活節前一整星期為禁食期。可是，當一些來自埃及的弟兄在這個星期探望摩西教父時，他弄了一頓便飯接待他們。鄰居看見冒起的炊煙，對當地教會的教士說：看，摩西不守規條，在家煮食。教士說：他露面時，我們會跟他談談。安息日到了，這些深諳摩西教父偉大的生活方式的教士在眾人前對他說：噢，摩西教父，你的確違反了人的戒律，但你卻嚴守了神的誡命。

以賽亞教父對那些起步很好而又服從聖徒傳統的初學者說：就以一塊紫布為例：原來染的色彩是去除不了的。

又：正如幼枝是很容易就能矯形和屈曲的，

順服的初學者，也是這樣。

一個士兵問米奧什教父，神是否會原諒罪人。

老先生給他若干的指導後，問他：告訴我，小兄弟，

如果你的斗篷扯破了，你會把它扔掉嗎？

哦，不會！他答道，我會把它修補後再穿回。

老先生對他説：唔，如果你會對自己的斗篷細加料理，

難道神會不對自己創造的生物慈悲為懷嗎？

據說，有一天，小約翰對他的兄長說：
我要拋開顧慮，放下工作，專心敬拜神。然後，
他卸下長袍，走到沙漠去。在那裏逗留了一星期後，
他回來找其兄長，敲他的門。他的哥哥沒有開門，
說：誰呀？他說：是我，你的弟弟約翰。

哥哥說：約翰已變成天使，從此不在人間了。

他哀求說：是我呀！但他的哥哥沒有理會，

由他一直在門外苦等。翌日清晨，哥哥終於把門打開，

說：你還是人的話，你要生活，就得重拾工作。

約翰悔悟，說：原諒我吧，哥哥，我錯了。

在西提斯，一個弟兄前往拜望摩西教父，
求他賜下隻字珍言。老先生說：回去，
坐在你的小屋中，你的小屋自會教曉你一切。

安東尼教父說：那時候快到了，人會變得瘋狂；碰到沒有失去常性的人，他們會攻擊這個人，說：你是個瘋子，因為你不像我們。

以撒教父說：帕博教父總愛說，一件拋出屋外、棄置三天仍無人挪走的，才是修道士的外衣。

一些老年人前往見波門教父，對他說：

告訴我們吧，要是看見弟兄在神聖的事奉中打瞌睡，

應否擰他一把，把他弄醒？老先生對他們說：

老實說，若果我看見一個弟兄睡著了，

我會把他的頭放在我的膝上，讓他好好休息。

葉瓦格里厄斯教父說：有一個弟兄，
名叫塞拉皮恩，他除福音以外，
一無所有，但他把這也賣掉來賙濟窮人；
而這個人曾說過以下值得回味的話：
我連那句命令我把一切賣掉來賙濟窮人的話都賣了。

辛克蒂卡教母說：

假如你正在一個社羣中生活，

就不要遷到別處，

因為這會對你造成很大的傷害。

鳥兒離開牠的蛋，蛋就不能孵出。

同樣地，修士和修女穿梭於不同地方，

其信心也會變得冰冷而死寂。

有一天，馬卡里厄斯教父拿著棕櫚樹葉，從沼澤返回他的小屋。回家途上，赫然瞥見魔鬼攔在路中，手持鐮刀想襲擊他。但魔鬼卻不能得逞，說：哎呀，馬卡里厄斯，我因為你而承受極大的傷害。你做甚麼，我都一一

照做。你禁食時，我不吃；你保持警醒時，我也不怎睡。但有一事是只有你才做得到的。馬卡里厄斯教父於是問：哪是甚麼呢？魔鬼答道：那就是你的謙卑，正因為它，我才拿你沒法子。

西爾維納斯教父說：那些名譽大過實績的人有禍了！

有一天，阿西尼厄斯教父向一位埃及老先生請教，
想聽取他對自己一些想法的意見。有人看見這種情景，
對他說：阿西尼厄斯教父，
像你這種深諳希臘文和拉丁文的人，
為甚麼會問道於這樣一個農夫？他答曰：不錯，
拉丁文和希臘文的知識，我是學過的；
但這個農夫的學問，我連字母都未學過。

一個與其他弟兄共同生活的弟兄問伯撒連教父：
我該如何生活？老先生答曰：
常存安靜的心，不要拿自己和其他人作較量。

從前，有一個不吃麵包、過著苦行生活的人
前往探望一位老先生。碰巧，一羣慕道者同時到訪。
老先生於是弄了一頓便飯招待各人。
他們圍桌用膳時，禁食的弟兄只揀了一粒濕豌豆，
放到嘴中細嚼。大家站起來時，
老先生把弟兄拉到一旁，對他說：我的弟兄，
你到別處探訪時，不要把自己的生活方式展示出來，
但若然你想恪守它，就留在自己的小屋內，不要露面。
他接受了老先生的忠告，自此以後，
每當碰上其他人時，他的行為跟常人無異。

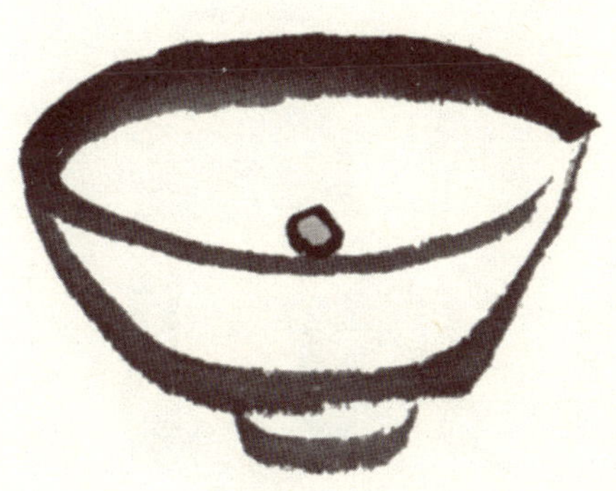

辛克蒂卡教母說：起初，走近神的人在面對掙扎之餘，
還要付出很多心力，但其後會湧現無比的喜樂。
有如生火一樣：起先會煙霧瀰漫，薰得雙眼流淚，
但其後就會取得預期的成果。因此，
我們應該用眼淚和勞力點起內心神聖之火。

據說，一個弟兄把一些籃子織好，並裝上籃柄後，
聽到隔壁的修士說：怎辦呢？商人快到了，
我卻沒有可鑲在籃子上的柄子！於是，
他把自己的籃柄拆下來，拿到鄰人跟前，說：
看，這都是我用剩的，你何不把它們裝在你的籃子上？
在有需要的時候，他使他的弟兄大功告成，
而自己的則有待完成。

一個弟兄去到狄奧多爾教父那裏，
談論和詢問一些他自己未曾試過的事情。
老先生對他說：你還未找來船隻，又未放置帆具，
甚至未曾出海，但你好像已抵達彼岸的城市了！
嘜，你先好好工作吧；
然後你就會到達你現在談論的地方了。

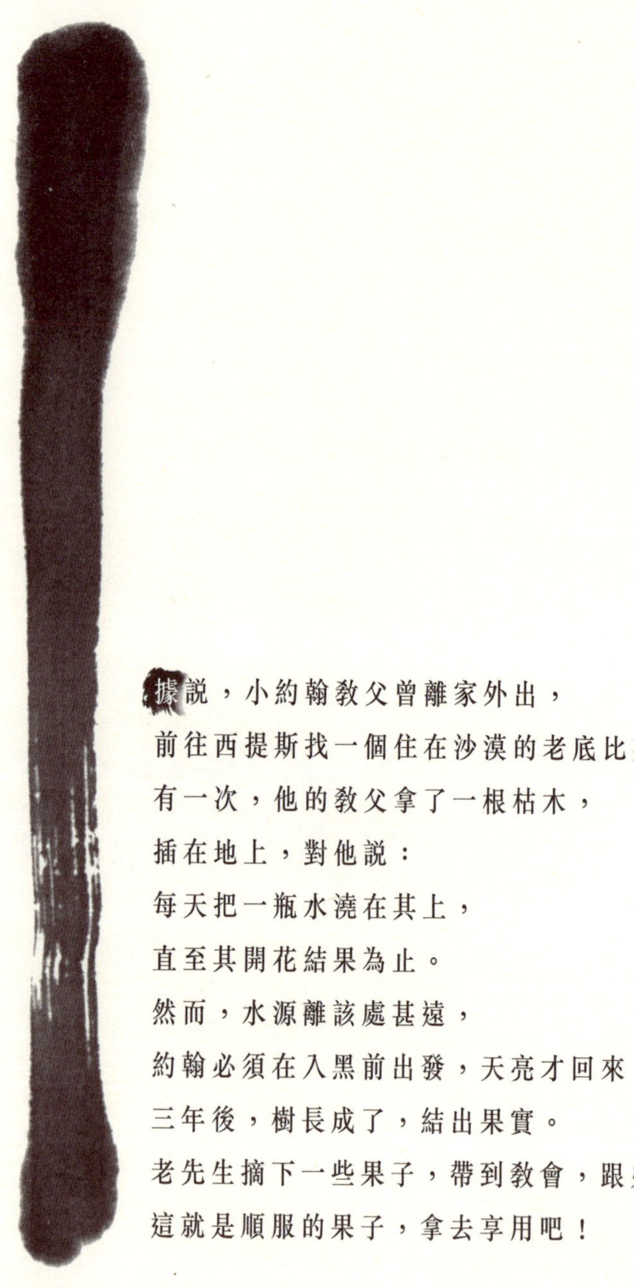

據說，小約翰教父曾離家外出，
前往西提斯找一個住在沙漠的老底比斯人。
有一次，他的教父拿了一根枯木，
插在地上，對他說：
每天把一瓶水澆在其上，
直至其開花結果為止。
然而，水源離該處甚遠，
約翰必須在入黑前出發，天亮才回來。
三年後，樹長成了，結出果實。
老先生摘下一些果子，帶到教會，跟弟兄說：
這就是順服的果子，拿去享用吧！

一個老先生說：我從不想做只對我有利而對我弟兄有損的工作；因為我抱有這樣的期望：凡是有助我弟兄的，都是於我有益的。

一個老先生說：常常禱告，可迅即清理我們的思想。

一個弟兄問一位老先生：我該如何生活？
因有許多思想在困擾著我，我不知如何抵擋。
老先生說：不用逐個回擊，只須抵抗其一。其實，
修道士的一切思想都來自一個頭腦。因此，
你要找出那是甚麼，是怎個樣子，然後全力抵禦。
這樣，你就能打敗餘下的思想。

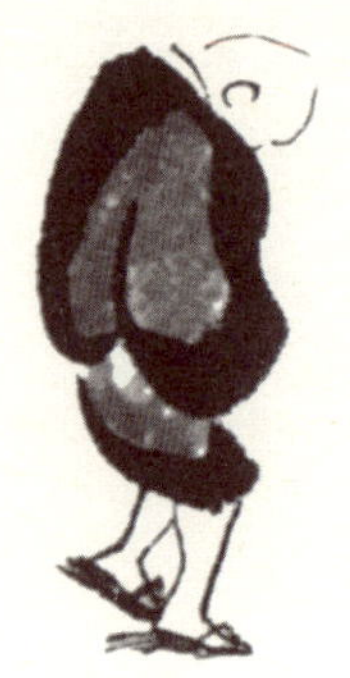

一個犯了罪的弟兄給教會的教士驅逐出教。伯撒連教父卻站起來，與他一同離開，說：我也是一個罪人。

那些老先生常說：

假如你看見一個年輕人單憑一己意志爬上天堂，

要抓著他的腳，把他拉回地上，

因為那只會對他有害無益。

一天，阿加頓教父前往鄉鎮售賣小器皿的途中，
一個坐在路旁的痲瘋病人問他：你到哪裏去呢？
阿加頓教父答道：到鎮中，賣這些東西。他接著說：
幫我一個忙，把我帶到那裏吧！於是，
教父把他帶到鎮中。他說：你在哪裏賣東西，
就把我放到那裏吧。教父照做。
教父賣出第一件器皿後，他問：你賣了多少錢？
教父於是把價錢告訴他。他問：買點好東西給我吧。

教父照做。其後，又賣出第二件器皿。他問：
賣了多少錢？教父告訴了他。他說：買這給我吧。
教父照做。賣了所有東西後，教父準備離去。他問：
你回家嗎？教父答道：當然啦。他說：再幫我一個忙，
把我帶回你遇見我的地方吧。教父於是把他帶回原地。
他說：阿加頓，你已蒙主祝福了，在天上，也在地上！
教父抬起眼睛，卻看不見任何人，
因為那是上主的使者，前來為要試探他的。

許佩里查斯教父說：用行動而不是用言語教人的，才是真正的智者。

一個弟兄問希耶拉卡斯教父：請賜我片言隻字，
我如何才能得救？老先生對他說：坐在你的小屋中；
餓了，就吃食物；口乾了，就飲水解渴；
惟獨不可講任何人的壞話，那你就得救了。

一位老先生說：你要是光說不做，就像一株只有葉子、沒有果實的樹。但正如果實纍纍的樹同時是枝葉茂盛的，一個有工作成果的人往往提出好的言論。

西爾維納斯教父的門徒齊諾教父說：

永不要住在著名的地方，也不要跟一個知名人士在一起，

亦不要在一個你或會築巢的地方打房子的地基。

一個弟兄到西奈山探望西爾維納斯教父。
他看見弟兄都在辛勤工作時，對老先生說：
不要為會朽壞的食物工作，
因為馬利亞已經選擇那上好的福分。
老先生叫其門徒扎卡里把一本書交給他，
並安排他住在一間空室中。下午三時，
這個弟兄不斷往門外張望，看看有沒有人來喚他吃飯。
可是，沒有人前來，因此他動身找老先生，問道：
教父呀，這裏的弟兄豈不是都吃過午飯嗎？老先生說：

當然啦。他說：你為甚麼不叫我呢？老先生答曰：
你是一個屬靈的人，不需要這種食物，
但我們是屬世的，我們想吃，所以我們要工作。其實，
你已經選擇那上好的福分，就是終日讀書，
不食人間煙火。聽到這些話後，這個弟兄悔悟了，說：
原諒我吧，教父。老先生對他說：
馬利亞當然需要馬大，而正是藉著馬大的幫助，
馬利亞才得到稱許。

聖人辛克蒂卡說：有如暴露了的財寶很快會給花光，
任何揚了名或廣受注意的美德亦會迅速消散。
有如蠟很快給火熔掉，靈魂也會給讚美掏空而
失掉美德的堅貞。

波門教父對約瑟教父說：

告訴我怎樣才能成為一個修士。他答曰：

若果你想在此處及此後找到安息，

那就在每一個場合都說：

我是誰？而又不論斷任何人。

小約翰教父說：沒有人能從上而下起房子的；
反之，你是先打好地基，然後再往上建造。有人問他：
你這是甚麼意思呢？他說：地基是指你必須贏得
的鄰舍，而你應該由此起步；
因為基督的一切誡命都取決於此。

一位老先生說：假如你遺失了黃金和白銀，
你必能找到可取代它們的東西。可是，
假如你失掉的是時間，你一定不能補回你失去的。

有一次，一個弟兄在西提斯犯了罪，長老聚集一起，
並派人召請摩西教父參與集會。他卻不願前往。
教士於是傳話給他，說：請你前來，每個人都在等你。
他終於動身，起程時把一個殘舊而有破洞的籃子裝滿沙粒，
帶在身邊。前來迎接他的人問道：教父，這是甚麼？
老先生說：我的罪在我身後汩汩流出，我卻看不見它們，
而今天我則要審判別人的罪。聽見這樣的話後，
他們沒對那個弟兄說甚麼，並饒恕了他。

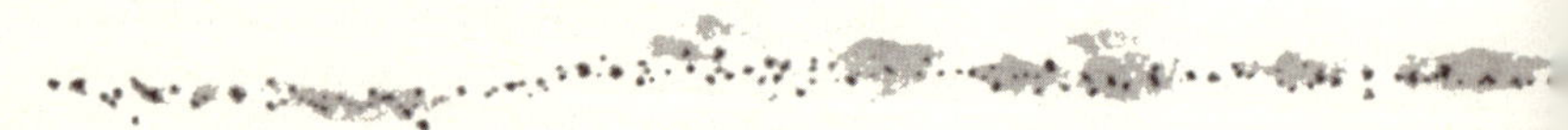

一個弟兄問波門教父：何謂無緣無故生弟兄的氣？
他答曰：你的弟兄攻擊你，無論侮辱你甚麼，
你要是生他的氣，就是無故動怒。
就算他要挖你的右眼，又或斬你的左手，
你要是生他的氣，就是無故動怒。可是，
如果他要從神那裏把你挪走，你就要動怒了！

波門教父問安東尼教父：我該如何生活？老先生說：
不要自以為義，不要為已做的事情擔憂，
要控制你的舌頭和肚腹。

一個弟兄問帕博教父：
為甚麼魔鬼要阻擋我對鄰舍行善？老先生說：
不要這樣說，不然你就會把神說成騙子了。
你為何不說，我心裏不願為善？很久以前，
神其實這樣說：我已賜給你能力，
叫你能踐踏蠍子和蛇，以及搗碎敵人的一切。
你現在為何不把邪惡的靈踩碎？

一個弟兄遭另一弟兄羞辱後，去到西索斯教父那裏，對他說：我的弟兄傷害了我，我想報復。

老先生嘗試安慰他，說：我的孩子，別這樣，倒不如把仇恨交給神吧。但他說：此仇不報，我不會罷休。老先生說：小兄弟，我們一起祈禱吧。

老先生站起來，說：噢，神呀，以後再不用祢看顧我們了，因為我們現在會替自己復仇。

那個弟兄聽後，跌倒在老先生的膝前，說：我不會再跟我的弟兄算帳了。原諒我吧，教父。

有一次，兩個弟兄前往探望一位老先生。不過，
老先生並無每天進食的習慣。他看到兩人時，
以喜樂的心迎接他們，說：禁食本身已有其獎賞，
但你若為愛而吃，就遵行了兩大誡命，
因為你既放棄了一己意願，同時又使別人恢復活力。

大尼斯特奧斯教父與一個弟兄在沙漠上同行，
途中遇見一條龍，兩人轉身逃跑。弟兄對他說：教父，
難道你也害怕嗎？老先生答道：孩子，我不是害怕，
但逃離巨龍對我來說是好事；要不然，
我可能逃不過虛榮心的魔障。

據說，有一個老先生每星期只吃一趟，
一共禁食了七十週。他就聖經一些字句求問神，
但神並沒有回應。他對自己說：看，
我已耗上如斯大的心力，卻停滯不前。
我現在得找我的弟兄，向他請教。當他離家、關門、

整裝待發時，主的使者奉差遣到他那裏，說：

七十個星期的禁食生活並沒有使你靠近神一點；

但由於你現在抱著謙遜的心去找你的弟兄，

我奉差遣來向你揭開那些字句的意義。

天使向老先生解釋字義後就離去了。

波門教父說：教導你的口，叫它說出你心中的話。

波門教父說：水性屬柔，石性屬剛；
若把一個盛滿水的瓶子
吊放在石頭之上，讓水珠點滴流下，
水會把石頭磨蝕。同樣地，
神的話是溫柔的，
而我們的心是堅硬的；
當人經常聽到神的話，
心靈就會向著叫人敬畏的神敞開。

伊萊亞斯教父說：除非心靈伴隨著身體歌唱，否則付出的勞力是徒然的。此外：愛承受磨難者，其後必得享喜樂的心，以及更充沛的活力。

一個老先生有一個好門徒。一天，他感到心煩，把門徒逐走。門徒卻坐在屋外靜候著。當老先生打開門，發現門徒一直靜坐那裏時，向他懺悔，說：你是我的教父，因為你的謙卑和忍耐戰勝了我狹隘的心胸。進來吧！從這一刻起，你才是那位老先生和教父，而我就是那個年青人和門徒，因為你作的美事已勝過我的老練。

馬卡里厄斯教父身在埃及時，

發現一個帶著一頭騾子的男人正在偷他的物品。

猶如陌生人般，他幫那個賊子把贓物捆在騾背，

並和平地送他離去，說：

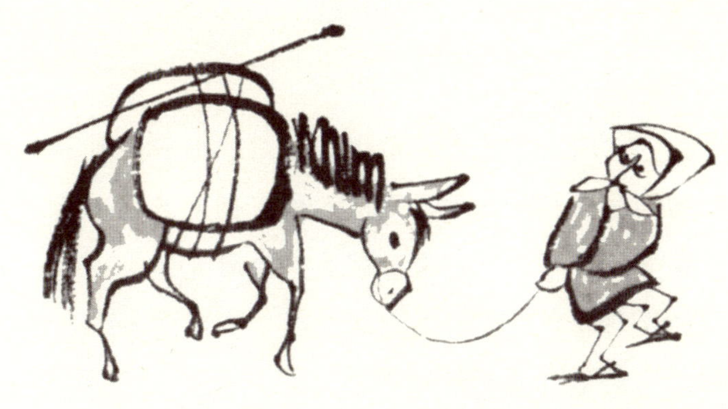

我們不曾帶甚麼來這世界，也不能帶走甚麼。

施予的是主，而一切乃依祂旨意，而事情亦隨此發生。

在一切事情上，主是應當稱頌的！

有一次，一羣強盜去到一位老先生隱居之處，說：
我們來，是要拿走你屋子裏所有的東西。老先生說：
我的孩子，你們看見甚麼，就拿甚麼吧。
於是，他們掠取了屋內一切物品後，便離開那裏。
可是，他們卻走漏了眼，遺下一個小包。
老先生把它拾起，趕在他們後面，喊叫：我的孩子，
還有這個！別忘了它！他們驚詫於老先生無比的忍耐，
把所有物品都搬回小屋中，而且全都悔悟過來，
交頭接耳說：他真是屬神的人。

魔鬼化身為光明的天使，在一個弟兄面前出現，
對他說：我是天使加百列，奉差遣來找你的。
那個弟兄卻對他說：你看看是否要另找別人吧，
我怎也配不上有天使大駕光臨。
霎時間，魔鬼消失無蹤。

一個弟兄對一位老先生說：有弟兄二人，
一個留在小屋中，每次禁食六天，並嚴守戒律；
另一個則服事病人。請問哪一位更為神所接納呢？
老先生答曰：就算那個禁食六天的弟兄將要氣絕身亡，
他也不能跟那位服事病人的弟兄同日而語。

贊賽厄斯教父說：一隻狗也比我優勝，因為牠同具愛心之餘，不會論斷別人。

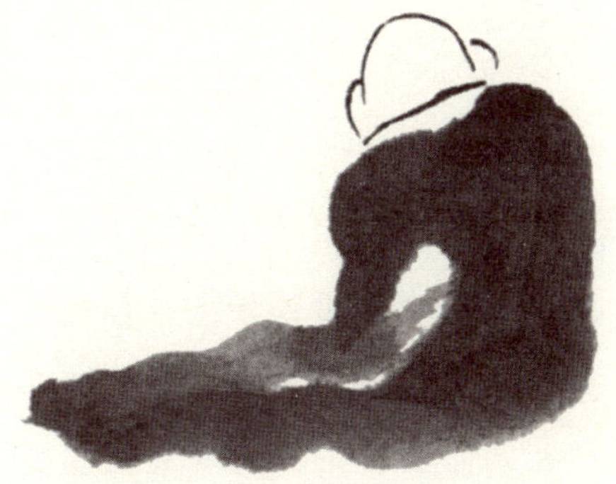

一個哲學家問聖徒安東尼：教父，
當閱讀的享受給挪走了，你還怎能抱有熱忱？
他答曰：噢，哲學家，我的書是受造之物的本質，
每當我想讀神的話時，它往往就活現在我眼前。

兩個老先生同住多年，從不吵架。其中一個說：
不如我們像其他人一樣，試吵一次架吧！另一個答道：
我不知道吵架是怎樣發生的。第一位老先生說：看，
我把一塊磚放在我們當中，然後我說，這是我的，
而你說，不，它是我的，之後，一場爭執就會展開的了。
於是，他們把磚頭放在兩人中間，其中一人說：
這是我的，而另一人說：不，它是我的。
他答道：不錯，這全是你的，把它拿走吧！
其後，他們無能力再爭持下去，相繼離開了。

一個老先生前往探望另一位老先生。兩人攀談期間，其中一人說：我已向這個世界死了。另一人對他說：
一天未曾死去，都不要這麼堅信自己，
因為你可以說你死了，但撒但仍未死去。

一個羣體的領袖問波門教父：我如何才能學會敬畏神？

波門教父答道：當芝士填滿我們的肚腹，

而醃魚又擠滿我們的罐子時，我們怎能學會敬畏神？

一個無人認識的貴族去到西提斯，
請沙漠的教士把他帶來的黃金分給那裏的弟兄。
教士對他說：他們用不著它。他十分堅持，
又不滿意教士的答覆，於是把黃金全放在一個籃子中，
然後擺放在會堂的門口。教士說：誰有需要，
誰就可拿些來用。可是，無人碰過籃子，
那裏的弟兄甚至連看也不看。老先生說：
神已接納了你的奉獻，去吧，把它分給窮人。
那個男子滿有得著的離去了。

薩爾馬塔斯教父說：一個犯了罪而知罪悔改的人，較一個沒有犯罪而自以為義的人可取。

伯撒連教父的門徒道格斯教父說：一天，

我們沿海而行，我感到口渴，於是對伯撒連教父說，

教父呀，我渴極了。老先生禱告後，對我說，

從大海取水飲用吧。我喝下海水，味道是甜的。

我把海水裝在瓶中，以備其後所需。

老先生看見這種情景，問我，你為甚麼要這樣做呢？

我答道，請見諒，我怕我又再口渴。

老先生說，神在這裏，神無處不在。

一天，亞歷山大的主教提阿非羅到訪西提斯。
聚集那裏的弟兄對帕博教父說：
跟主教說句話吧，好使他的靈魂在這裏有所得著。
老先生答曰：我的靜默若果不能使他受到啟發，那麼，
我說的話同樣不能叫他有所裨益。

波門教父說：修道之士若能克服兩樣東西，

就可不受這個世界所束縛。一個弟兄問：哪是甚麼？

他答道：一曰肉體的舒適；一曰世間的虛榮。

一個弟兄去到波門教父那裏，說：教父，

各式各樣的思想在我腦內浮現，使我身陷險境。

老先生把他帶到室外空曠之地，說：張開你的長袍，

把風捕捉下來。他答道：不，我做不到。老先生說：

你若做不到這個，你也不能防止那些思想入侵。

儘管這樣，你應該做的是，站穩身子，屹立不搖。

從前，埃及有一個人，他的兒子癱了，
他把兒子帶到蒙恩的馬卡里厄斯屋前，然後離去，
任由兒子在門外哭叫。老先生往四下看，
發現哭泣的孩子，對他說：誰帶你到這裏來的？
孩子說：我的爸爸把我遺棄在這裏，然後走了。
老先生說：站起來，去找他！孩子的病立時好了，
回頭找他的父親。兩人於是一同回家。

有一次，一些人帶了一個被鬼附的人到
提比一位老先生那裏，希望老先生能把他救治。
被持續不懈地問了好一段時間後，
老先生終於對魔鬼說：離開神的創造！魔鬼答道：
我會離開，但讓我先問你一樣事情。告訴我，

誰是山羊，誰是綿羊？老先生說：
山羊就是像我一樣的人，至於綿羊，嗯，
只有神才知道。魔鬼聽後，大聲喊叫，說：看，
就是因為你的謙卑，我得離開了！
魔鬼就在那一刻離去了。

佩魯西亞的伊西多爾教父說：活著而沒有說話，比說話而沒有活著好。因為一個活得正確的人可藉沉默幫助我們，而一個說太多話的人只會帶來煩擾。不過，若果人說的話與人的生命可並肩而行，那就是一切哲學的極致了。

波門教父說：有一種人，表面安靜，
內裏卻在批評別人。這種人其實無時無刻不在說話。
另一種人可能由朝到晚都在說話，
但由於只講有意義的事情，所以能保持安靜。

辛克蒂卡教母說：不發怒是好事。但若然怒火來了，

不要讓它影響你度日。有云：不要含怒到日落。

要不然，你餘下的日子都會受它影響。

何必恨一個傷害你的人，因為不義的不是這個人，

而是魔鬼。該恨的是疾病，而非患病的人。

約瑟教父問波門教父：我們應該如何禁食？
波門教父說：我個人認為每天進食是好事，
每次吃一點兒，以至不會飽肚。約瑟教父說：
咦，你年青時不是有每次禁食兩天的習慣嗎？
老先生說：信我吧，我確實是，為時三天，
甚至一星期。但我們偉大的前輩通通試過這一切，
然後發現每天進食是好事，只要每次少吃一點就行。
就這樣，他們向我們展示了那條康莊大道，
因為那是輕省而容易的。

一天，提班的以撒教父去到一個修道羣體中，
看見一個弟兄犯錯，譴責了他。他回到沙漠時，
主的使者到臨，站在他的小屋門前，說：
我不讓你進去。他問：甚麼事呢？天使答道：
神差遣我來問你，那個給你審判的罪人，
祂該如何發落。他立時懊悔，說：我錯了，原諒我吧。
天使說：起來，神已原諒你了。以後，
記著再不要在神作出裁決前審判別人了。

狄奥多拉教母說：為人師表，應該不懷支配的慾望，
不知虛榮為何物，遠離傲慢，不受奉承所欺哄，
不因才華而盲目，不做口腹的奴隸，不被憤怒所控制；
反之，應該忍耐、仁慈，而極盡謙虛。
他應該嚴加律己、待人寬容、為人勤奮，
並熱愛人的靈魂。

一個弟兄問一位老先生：何謂謙卑？

老先生說：向傷害你的人行善。

弟兄說：若未能達這境地，你會怎辦？

老先生答曰：避開他們，保持緘默。

奧爾教父說：要麼逃離人羣，要麼嘲笑這個世界及裏頭的人，並任由自己在諸多事情上當小丑。

羅得教父前往約瑟教父那裏，說：教父，
我在守小規條、酌量禁食、學習禱告、操練默想、
保持安靜的事情上都竭盡綿力，
又在保持思想純淨的事情上耗盡心神。
我還該做甚麼呢？老先生站起來，對天張開雙手，
手指忽然化成十根火炬。他說：若你喜歡，
你可全化成熊熊的一團。

撒拉教母說：如果我禱告，
求神叫所有人都因我受啟發，
我就會發現自己在每間屋門前懺悔。
我寧可求神賜我清心，
使我對每個人都心思純淨。

尼魯教父說：你因為弟兄傷害了你而作出的種種報復行為，在禱告時會突然在你的心中浮現。

那些老先生常說：經歷試煉時，我們會較謙卑，

因為神曉得我們的軟弱，保護我們。然而，

當我們自誇時，神的保護不再覆蓋我們，

那我們就是真正的迷失了。

便雅憫教父臨終前這樣教導他的兒子：
行這些事，你就會得到拯救：
常常喜樂，不住的禱告，凡事謝恩。

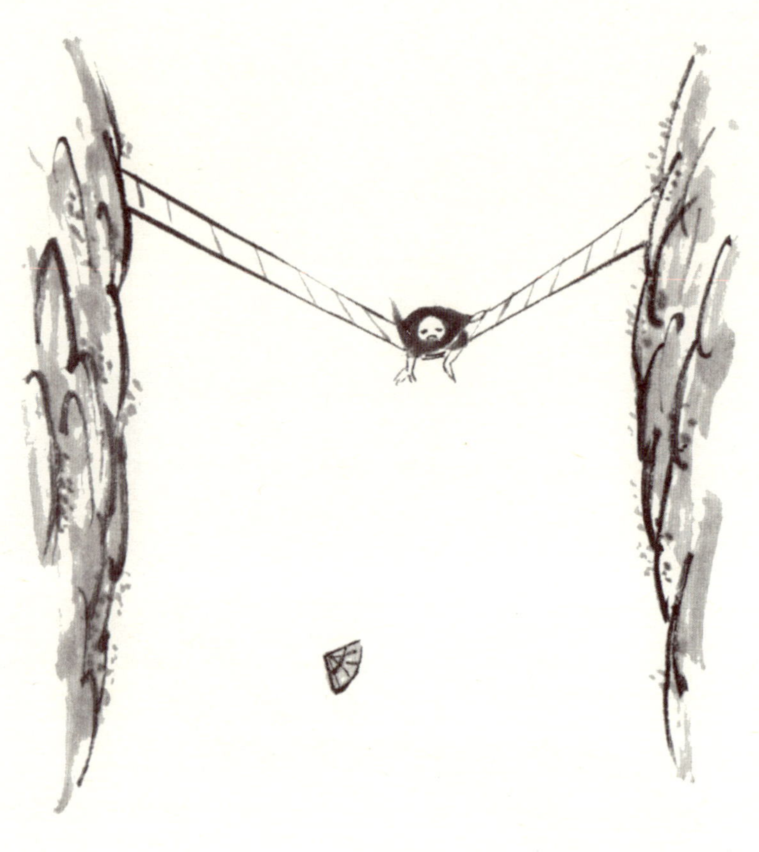

厄普皮奧斯教父說：肉體的事物包含著物質。
人若鍾愛塵世間的事物，也就是喜愛障礙物。因此，
當我們失去一些事物時，應以喜樂和感謝的心加以接受，
因為我們已從掛慮中釋放出來了。

提班的西索斯教父對他的門徒說：

告訴我你在我身上看到甚麼，接著我會告訴你

我在你身上看到甚麼。他的門徒對他說：

你的靈魂是美好的，但稍為嚴苛。老先生對他說：

你是美好的，但你的靈魂有欠堅韌。

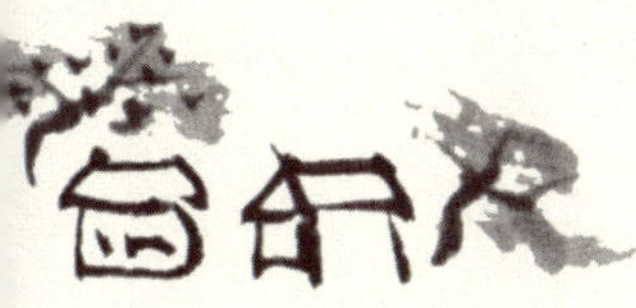

佩魯西亞的提什多爾說：重視德行，
不要理會塵世的榮華；因為前者肯定是不朽的，
而後者則太容易灰飛湮滅。

一位老先生說：不要蔑視你的鄰舍，
因為你不知道神的靈究竟在你還是在他裏面。
告訴你吧，凡服事你的，就是你的鄰舍。

伊皮法紐教父說：神用非常便宜的價錢，
把公義賣給那些急於要買的人：
那就是，只賣一小塊麵包、一件不值錢的衣服、
一杯涼水及一枚硬幣。

尼魯教父說：不要渴想事情最終看來是對你最好的，
而是最終要神所喜悅的。那你就可以擺脫迷惘，
在禱告中存感謝的心。

一些弟兄問阿加頓教父：教父，我們生活方式中
哪種德行最費力勞心？他說：請見諒，
沒有心力能跟向神禱告相比。實際上，
每當你想祈禱時，不懷好意的魔鬼就會來打擾你。
當然，他們知道除了禱告外，甚麼也不能捆綁他們。
沒錯，你作其他各種善工而堅持下去，確能得享安息。
但禱告是一場拚到最後一口氣的戰爭。

他們問馬卡里厄斯教父：我們應該怎樣禱告？
老先生答曰：長篇大論就不必了；反倒是伸出雙手，
說，主呀，如你所願又如你所知，施下憐憫吧。
但假使你感到一場爭鬥即將爆發，那你一定要說，
主呀，救我！祂曉得甚麼是對我們最好的，
又以憐憫的心對待我們。

一個弟兄問馬托伊斯教父：我該怎辦？
我的舌頭帶給我煩惱，每當我身處人羣中，
我總是不能控制它，對人家作的一切美事，我出言譴責，
又與別人拌嘴。因此，我該怎辦？老先生答道：
你要是不能控制自己，就離羣獨處吧，
因為這是軟弱的一種。那些與人共同生活的人不宜直率，
而要圓滑，才能迎合其他人。老先生接著說：
我獨個兒活不是因為我德行出眾，而是基於我的軟弱。
你看，在人羣中生活的，都是強者。

雅各教父說：單單言論，不是我們想要的，

因為當今已有太多言論流傳人間。

我們需要的，是行動，因為我們尋找的，正是行動，

而不是那些沒有果實的言論。

1. 地中海
2. 耶路撒冷
3. 迦薩
4. 亞歷山大
5. 尼提里亞
6. 西提斯
7. 開羅
8. 利比亞沙漠
9. 聖安東尼山
10. 西奈山
11. 埃及
12. 阿拉伯沙漠
13. 提比
14. 塔比尼斯
15. 紅海
16. 底比斯

跋

亨利·盧雲

這篇文章摘自一九八〇年盧雲在耶魯神學院教授的一個名為「沙漠靈性與當代事奉」的課程尚未出版的演講稿。野村湯史就是修讀了這個課程而取得靈感，創作了《荒漠的智慧》。——編者語

屬靈的生命是聖靈在我們裏面的生命。聖靈是基督的靈，祂把我們引進聖父與聖子之間的生命的親密中。聖靈使我們像彌賽亞成為兒子般，同樣成為神的兒女。

這個新的生命，這種新的身分，會在一種新的生活方式、一個新的羣體中顯明；後者不是建立在競爭的基礎上，而是奠基於自我隱抹的事奉。這顆新的心靈乃是耶穌基督的心靈；憑著它，我們能夠把別人的利益放在自己之上。

為了見證這個全新的生命，早期的基督徒甘願犧牲自己的性命。殉道變成見證的途徑。然而，當教會不再是社會的宿敵，一種新的殉道形式出現了，那就是在沙漠中過著苦行禁慾的生活。

沙漠靈性的第一個層面是，它涉及一種離開的意識，一種自願的移位。正如梅頓(Thomas Merton)所說，沙漠教父視社會為「一場海難，當中每一個人都要拚命漂

游，以保性命。這些教父教母相信容讓自己隨波逐流，被動地接受所謂社會的信條和價值簡直完全是一場災難。」在他們的年代，皇帝是基督徒，而「世界」漸次把十字架視作一種世俗權力的標記；凡此事實，只會加強他們撤離的決心。

沙漠教父和教母把所謂正常的社會看成一個叫我們遇溺的地方。生存的惟一方法就是離開海難現場，尋找一處可拯救其他人的空間。世俗的城市最顯著的特徵，是它通過各種**強制力**把我們囚禁起來。世俗的生命充滿了種種**應然**和**必然**。你**必須**這樣做，你**應該**這樣做，你**不能**在這裏或在那裏，諸如此類。正是這些強制性的力量建構了那個**假我**。假我就是一種把自我的認知依附在週遭環境的反應的意識。我是誰？我是那個被人喜歡、仰慕、尊敬、憎恨……的人。

「強制性」實在是描述假我最佳的形容詞，指出了那種對別人的認同持續不斷、愈來愈多的需要。此外，強制性的意識會發展成為一種極忙碌的生活方式。我們必須盡上各式各樣的社會責任，而我們亦長期處於攫取平衡的狀態中，經常要把非常不同的社會壓力拿來權衡輕重。這使我們淪為事務繁多、心情繁重的人。

重要的是，我們不能單靠意志力，就可逃離此種困境。很多時候，我們發現自己是一個複雜系統的一部分，而這個系統是容不下任何空隙和空間的。正如史賓諾莎（Spinoza）所說，有一種空間恐懼症（*horror vacui*）

存在著。它把我們拉下去，迫使我們投身參與。你不能單單說：「噢，我不在乎別人怎看我。我不會讓自己受別人的讚賞或批評影響。」這是絕不可能的事情。我們的社會的構造形式是：除非你在乎，否則你就不能生存。因此，所要求的，是一個徹底的行動，一種自願的移位。即是從平常和正當的位置移出，用以尋找我們的真我。

沙漠靈性第二個層面是，它牽涉一種移往完全不同的地方的行動——移到沙漠去。沙漠有兩重意義：既是曠野，又是天堂。一方面，沙漠是乾旱、不毛之地，是魔鬼的地頭。(「污鬼離了人身，就在無水之地過來過去，尋求安歇之處。」——路十一24) 沙漠教父好比傘兵一樣，是一羣持續進攻、把在城中遊走的敵人的面具摘下的戰士。不要忘記，耶穌在公眾地方露面時，魔鬼也一同現身。最先認出耶穌，並以其真名字稱呼祂的，正是魔鬼。神出現的地方，魔鬼也同在。在充斥著強制力和各種妥協的城市，神與魔的界線會變得模糊。善的被看為惡，惡的被稱為善。但在沙漠中，真正的鬥爭是清晰可辨的。在沙漠中，強制力不再統轄我們，我們再不能從世界借用身分；問題因而變得簡單：你是為了我還是反對我？你跟從的是神還是瑪門？

與此同時，沙漠有完全不同的涵義。沙漠也是天堂。沙漠的生活也是返回天堂的生活。修士並非只撤離這個世界，而是踏上了往天堂的途中。神的恩典甚至叫他們在塵世上找到天堂的事物，從而得到慰藉和鼓舞。天堂的意思，就是令人嚮往神迷之地，在那裏聽見的事情是不能言傳的（林後十二2）。那是天上神聖的國度、「好盜賊」撤離之地。那是與復活升天的基督共享親密之地。那是人類墮落前的樂園。上述一切，都是神的國度的化身。

要理解何謂天堂，最佳方法是把它視作在基督裏的生命。沙漠教父極欲尋找的，是他們在基督裏真正的自我。他們一切奮鬥的最直接目標，是一顆「清心」，好使他們能清晰而無阻隔地觀照心靈的真實狀態，能憑著直覺抓緊自己那份停泊在神裏頭的——又或已迷失了的——內在真實。求索的成果是「安息」：為神創造一個內在的空間。清心就是除神以外不依附任何事或人的心。清心就是一種心無旁騖的狀態，又或者說，一種「眼無旁騖」、獨具慧眼的境界。

由是觀之，沙漠既是魔鬼棲身那片令人戰慄的曠野，又是第一個人類與神及其創造和諧相處的樂園。這裏我們發現屬靈生命的一個真象：屬靈生命是我們前往見神卻同時會遇上魔鬼的生命。

我常猜想為甚麼我們內心有種強烈的抗拒感，叫我們不想與神同在。為甚麼我們覺得祈禱很費勁？為甚麼我們總是寧可忙碌而不願禱告？為甚麼我們總愛看電影、參加派對、讀無價值的書、從一地往另一地？假如神真的存在、深愛著我們、只想向我們展示祂的愛，為甚麼我們覺得要獻上自己是如斯困難的事情？原來，這是因為與神相會時，我們同時要面對自己的魔鬼。我們要面對自己的貪婪、憤怒、情慾、反叛的本性，以及對神深沉的憤恨。只要一直忙個不停、百務纏身，我們就永不用處理「我們是誰」的問題。

我們若要使神成為心中惟一的關注，就不能不走到沙漠去。沙漠對不同的人來說意味著非常不同的事情；但若然只停留在黑暗和含混的日常生活中，我們就既不認識神，也不認識魔鬼，而我們的生命則流於荒謬和盲目了。我們永不能看見現實的真象，而我們亦自製了一個充滿幻象的內在及外在世界。

保羅曾走到沙漠去，所有偉大的基督教領袖亦然：本泥狄克（Benedict）、法蘭西斯（Francis）、馬丁路德（Martin Luther）、衛斯理約翰（John Wesley）、弗克斯喬治（George Fox）、本仁約翰（John Bunyan）、梅頓、馬丁・路德・金（Martin Luther King, Jr.）、德蘭修女（Mother Teresa）……他們全都逃離正常和正當的生活，前往迎戰魔鬼。魔鬼可以是一羣加爾各答（Calcutta）垂死的街童、一個能毀滅地球的核子軍械庫、饑餓及其他種種形式的壓迫。一旦我們認真地面對神，就可以知道誰是敵人。

正由於我們的抗拒感是如此的強烈，我們需要不同的操練。我們需要非常具體的生活方式，好使我們可對神敞開內在的空間，慢慢建立新的自我。與魔鬼爭戰的當兒，我們會發現自己不是單打獨鬥，而是基督的力量使我們得勝，也是基督的力量把我們改造成新人類。神其實是重造了我們。

這就是天堂：在神裏面的新生命。

後記

野村湯史

一九七八年春天，承蒙普世教會協會(the World Council of Churches)的獎學金，我發現自己在細想著一個到耶魯神學院進修的機會。第一次踏足這所學校時，我沿著走廊前行，途中停下來閱覽貼滿傳單和海報的告示板。

我站在那裏時，感到有人從空空的長廊另一端走近。他停下腳步，站在我的右邊。他似乎不是在看告示板，而是看著我。我感到有點尷尬，回了他一個眼神，發現他是一個中年男子，頭髮沒有梳理、不修邊幅，身上穿著一件沒燙過的襯衫，外披一件頗為合時的風衣。我猜想他大概是一個工友。他向我咧著嘴笑，我也向他微笑。「你好，我是亨利，」他說。「你叫甚麼名字呀？」

「我叫湯史，」我答道。「很高興認識你，亨利。」他抓住我的手，熱情地握了一握。「湯史，很高興在這裏認識你，」他說，然後轉過身子，從他來的方向離去。

我喜歡這個有點古怪卻相當直接的人。突然間，我的心充滿了一種溫暖的感覺。一秒鐘前，這個地方對我來說是完全陌生的；但從這一刻起，我在這裏有了工友亨利這個朋友。其實，正是與工友亨利這次相遇使我決定加入這個羣體。他的行為有點怪異，但他的態度給人這樣的印象：春假期間獨個兒留在校園的他感到有點孤單，碰巧發現我站在那裏，於是想同我交個朋友。我決定了當我回來時，我會找他，並讓他知道我是他的朋友，而我不會讓他感到孤單的。

秋天時分，我在耶魯展開我的讀書生活時，聽到許多關於名教授亨利．盧雲的事情。我提早到達他的課室，發現座無虛設，有很多學生沿牆站立。惟一叫人開心而驚訝的是我的朋友亨利竟在那裏！身為工友，很明顯地，在教授講課前把黑板擦淨是他的工作，而他亦正非常細心、一絲不苟地做著他的份內事。他一副從容不迫的樣子，叫我開始擔心上課鈴聲響起前他不能把工作完成。在課室偏遠的角落，我心裏為他打氣：「加油，亨利，加油！快點吧，教授隨時會出現呀！」

擦過黑板後，亨利開始在黑板上寫字——十分奇怪的幾個詞語，例如"anachoresis"〔意即退隱〕、"hesychia"〔意即祈禱室〕等。令我訝異的是，亨利不用參考任何筆記就能寫下這些詞語。一些學生已打開筆記本，開始抄錄。亨利不再看似工友。「他是誰？」我問身旁的一個學生。「他當然是盧雲教授啦，」他答道。

後來，我有次向盧雲提及我們初次見面的情景。他記不起這件事了，但他十分喜愛工友的榮銜，要我在其後多個場合重提這個故事。我們的友誼就是這樣開始的。

一九八〇年，在亨利的指導下，我首次接觸沙漠教母與教父的屬靈世界。通過他教授的沙漠靈性的課程，我逐漸認識那些在第四、五世紀基督教成為羅馬帝國法定宗教時期逃遁到沙漠去的奇人異士。我默想他們的故事時，不期然在想像中看見他們有血有肉的形像。當我動筆就這個課程寫論文時，我不能抗拒那股衝動，於是拿起畫筆，點上墨汁，把他們在我眼中的樣子繪出來，然後把畫附在學期論文上一起呈交。我心裏有點害怕教授會視之為塗鴉之作，與嚴肅的主題格格不入，但亨利熱烈的反應，徹底驅散了我的憂慮。他鼓勵我在耶魯神學院一個小型展覽會中把畫作展出，其後又把它們交給他的編輯，這本書原來的版本就這樣誕生了。

在耶魯神學院的羣體生活中，亨利一直與學生關係密切。很多時候，他都表現得像是我們一分子。每當被邀請去學生聚會或舞會，他都會應約。每當有事要離開，他都會疲於找他的外套，因為他往往記不起自己穿了甚麼外套，又或他究竟有沒有穿外套。又或他會這樣問我們：「我坐車子來的嗎？是我開車的嗎？你知道我把車泊在哪裏嗎？」

週末期間，我們偶爾聚集在他的寓所談天說地，上至世界的問題，下至個人的事情，如談戀愛的感受、破碎心靈的醫治等，無所不談。那些海闊天空的晚上隨著一段簡單而誠摯的禱告時間結束。

有一次，在那樣的聚會後，我主動提出由我來清洗廚房。當我打開一道看上去是櫃門的櫥櫃外門時，發現裏頭放著一個非常細小的祭壇，旁邊還擺放著一尊塑像。在祭壇前有些微空間，能容納一人置身其中。我連忙把門關上，感到自己入侵了別人的隱私地帶。有見及此，亨利走過來，打開櫃門讓我細看，神態就彷似一個小男孩把自己的密室洋洋得意地展示人前一樣。

「這個地方有甚麼用途？」我問。「噢，這是我的私人祈禱室，」他答道。「我常常在這個地方默想和禱告，以至我可以如耶穌所吩咐，離開人羣，獨自禱告。」「可你只一個人住在這裏，你無須避開其他人呢！」亨利回應：「可知道，當你想認真禱告時，你可能要避開自己。」

這本書接近完成時，我聽聞亨利有意離開耶魯。那是真的嗎？對我們所有人來說，這是叫人何等傷心和迷惘的事情。我想起一個教父的影像：一個早上，他決定離開自己的羣體，走到沙漠更深入的地帶，尋求更貼近耶穌的靈。

我們為亨利舉行了一個豪華的惜別宴，之後幾天，我收到一個他打來的很特別的電話。他的聲調緊張而絕望：「湯史，是你嗎？你記得我嗎？」我逕直去到他的住處，發現他在那裏站著，默然不語。喝過一杯茶後，他開始說話。「我做了一個恐怖的白日夢。很多朋友圍在我身邊跳舞，當音樂停止、塵土不再飛揚時，沒有一人留下來。我發現自己身處一片荒蕪的土地的中央。」「你並不孤單，亨利，」我說。「你知道的，我們一直是在那個沙漠一同工作的。」「我知道，我知道。謝謝你提醒我，我不是在沙漠的中央，我不是獨個兒在那裏。」

每當人走進人類靈魂最深處時，就不能找別人作伴。一步一步的，他要一路走到那裏的盡頭。碰上閃爍的東西，他會擁入懷中，然後轉過身子循原路回走，以至他能跟其他人分享箇中的奧妙。

一九九六年，一次心臟病發奪去了他的性命。亨利起程前往一個更高之處，我們誰也想像不到他會這麼早就出發了。離開我們之前幾個月，他主動聯絡我，提議就這本書再次合作。我感到他是想把教父和教母的精神繪進今日的世界，因為那正是今天的人迫切需要的。雖然我們無從知道那將會是怎個樣子，但是由於羅伯特·埃爾斯伯格(Robert Ellsberg)和奧比斯(Orbis)出版社其他奇妙的人的幫助，我很高興這本書能夠再次跟讀者見面。

剛踏進我們的主的新世紀，整個人類文明似乎面對著古羅馬帝國即將衰落前所經歷的事情。在一個特別的歷史時期，我們的教父和教母逃遁到沙漠去尋找並活出耶穌的精神。羅馬帝國崩坍後，一個新的紀元——中世紀——隨之展開。這個新紀元的根基由隱修運動開拓和支撐著，而隱修運動乃源自這本書所描述的沙漠教父與教母的信心和生活方式。我深信耶穌的靈會在今天引導我們越過那個叫我們尋回自己的沙漠，並帶領我們進入我們的主那個全新的紀元。

二〇〇一年一月一日，東京

譯名對照

人名

Agathon	阿加頓
Anthony	安東尼
Aresenius	阿西尼厄斯
Benjamin	便雅憫
Bessarion	伯撒連
Doulas	道格斯
Elias	伊萊亞斯
Epiphanus	伊皮法紐
Euprepios	厄普皮奧斯
Evagrius	葉瓦格里厄斯
Hieracus	希耶拉卡斯
Hyperichius	許佩里查斯
Isaac	以撒
Isaac the Theban	提班的以撒
Isaiah	以賽亞
Isidore	伊西多爾
Isidore of Pelusia	佩魯西亞的伊西多爾
James	雅各
John	約翰
John the Little	小約翰
John of Thebaid	提比的約翰
Joseph	約瑟
Lot	羅得
Macarius	馬卡里厄斯
Matoes	馬托伊斯
Mios	米奧什
Moses	摩西
Nilus	尼魯
Nisteros	尼斯特奧斯
Nisteros the Great	大尼斯特奧斯
Or	奧爾
Pambo	帕博
Pior	皮奧
Poemen	波門
Sarah	撒拉
Sarmatas	薩爾馬塔斯
Serapion	塞拉皮恩
Silvanus	西爾維納斯
Sisoes	西索斯
Sisoes the Theban	提班的西索斯
Syncletica	辛克蒂卡
Theodora	狄奧多拉

Theodore	狄奧多爾
Theophilus	提阿非羅
Tisdore	提什多爾

Tisdore of Pelusia
佩魯西亞的提什多爾

Xanthias	贊賽厄斯
Zachary	扎卡里
Zeno	齊諾

地名

Alexandria	亞歷山大
Arabian Desert	阿拉伯沙漠
Cairo	開羅
Egypt	埃及
Gaza	迦薩
Jerusalem	耶路撒冷
Libyan Desert	利比亞沙漠
Mediterranean Sea	地中海
Mt. Sinai	西奈山
Mt. St Anthony	聖安東尼山
Nitvia	尼提里亞
Pelusia	佩魯西亞
Red Sea	紅海
Scetis	西提斯
Tabennisi	塔比尼斯
Thebaid	提比
Theban	提班
Thebes	底比斯

盧▪雲▪著▪作▪一▪覽▪表

Intimacy: Essays in Pastoral Psychology (1969)
《愛中契合》香港：基道，一九九四。

Creative Ministry (1971)
《建立生命的職事》香港：基道，一九九六。

With Open Hands (1972)
《親愛主，牽我手》香港：基道，一九九一。

Thomas Merton: Contemplative Critic (1972)
《盧雲眼中的梅頓》香港：基道，一九九九。

The Wounded Healer (1972)
《負傷的治療者》香港：基道，一九九八。

Aging: The Fulfillment of Life (With Walter Gaffney, 1974)
《生命的頂尖》香港：文藝，一九八〇。
《流金歲月》(新版)香港：文藝，二〇〇九。

Out of Solitude (1974)
《始於寧謐處》香港：基道，一九九一。

Reaching Out (1975)
《從幻想到祈禱》香港：公教，一九八七。

Genesee Diary (1976)

The Living Reminder (1977)

Clowning in Rome (1979)
《羅馬城的小丑戲》香港：基道，一九九〇。

In Memoriam (1980)
《別了，母親》香港：基道，一九九〇。
《念：別了母親後》(重譯本)香港：基道，二〇〇〇。

The Way of the Heart (1981)

Making All Things New (1981)
《新造的人》香港：基道，一九九二。

A Cry for Mercy (1981)
《頌主慈恩》香港：公教，一九八五。

Compassion (With D. McNeil and D. Morrison, 1982)

A Letter of Consolation (1982)
《慰父書》台灣；光啟出版社。

Gracias! A Latin American Journal (1983)

Love in a Fearful Land (1985)

In the House of the Lord/Lifesigns (1986)

Behold the Beauty of the Lord (1987)

Letters to Marc about Jesus (1988)
《生命中的耶穌》香港：基道，一九九三。

Circles of Love: Daily Readings with Henri J.M. Nouwen (1988)
《愛的漩渦：與盧雲默觀》香港：公教，一九九五。

The Road to Daybreak: A Spiritual Journey (1989)
《黎明路上》香港：基道，一九九五。

Heart Speaks to Heart (1989)
《心應心》香港：基道，一九九一。

Beyond the Mirror (1990)
《鏡外》香港：基道，一九九二。

In the Name of Jesus (1990)
《奉耶穌的名》香港：基道，一九九二。

Walk with Jesus (1990)
《與祢同行》香港：基道，一九九二。

The Return of the Prodigal Son (1992)
《浪子回頭》台灣：校園，一九九七。

Life of the Beloved (1992)
《活出有愛的生命》香港：基道，一九九九。

Show Me the Way (1992)

Jesus and Mary: Finding Our Sacred Center (1993)

Our Greatest Gift: A Meditation on Dying and Caring (1994)

Here and Now: Living in the Spirit (1994)
《念茲在茲》台灣：光啟，二〇〇〇。

With Burning Hearts: A Meditation on Eucharistic Life (1994)
《熾熱的心》台灣：光啟，二〇〇一。

The Path of Freedom (1995)

The Path of Power (1995)

The Path of Waiting (1995)

The Path of Peace (1995)

Can You Drink the Cup? (1996)
《你能飲這杯嗎？》台灣：上智，一九九九。

The Inner Voice of Love: A Journey through Anguish to Freedom (1996)
《心靈愛語》香港：卓越，一九九七。

Bread for the Journey: A Daybook of Wisdom and Faith (1997)
《心靈麵包》台灣：校園，一 九九九。

Adam: God's Beloved (1997)
《亞當——神的愛子》香港：基道，一九九九。

Sabbatical Journey: The Final Year (1997)
《安息日誌——秋之旅》香港：基道，二〇〇二。
《安息日誌——冬之旅》香港：基道，二〇〇三。
《安息日誌——春夏之旅》香港：基道，二〇〇三。

The Road to Peace (1998)
《和平路上》香港：基道，二〇〇二。

Finding My Way Home (2001)
《尋找回家路》香港：基道，二〇〇四。

Turn My Mourning into Dancing (2004)
《化哀傷為舞蹈》香港：基督徒學生福音團契，二〇〇四。

Encounters with Merton: Spiritual Reflections (2004)
《遇見牟敦》台灣：光啟，二〇〇七。

Peacework: Prayer, Resistance, Community (2005)
《和平篇章》香港：基道，二〇〇七。

Selfless Way of Christ: Downward Mobility and the Spiritual Life (2011)
《向下的移動》台灣：校園，二〇一二。

Discernment: Reading the signs of Daily Life (2013)
《靈心明辨》香港：基道，二〇一五。

靈修著作精選

重整靈性生命，陶冶完善人格。

生命成長 17 課——學習聖靈果子和八福

羅慶才 著／HK$68

禁食，讓身體說話

Fasting

麥克奈特 (Scot McKnight) 著／陳永財 譯／HK$88

尋訪古老的屬靈踐行

Finding Our Way Again: The Return of the Ancient Practices

麥拉倫 (Brian D. McLaren) 著／陳永財 譯／HK$88

歸心祈禱的操練——與上帝親密同行 40 天

Forty Days to a Closer Walk with God: The Practice of Centering Prayer

大衛．邁思勤 (J. David Muyskens) 著／陳群英 譯／HK$78

與神同誦——靈閱的意義與實踐

Reading with God: Lectio Divina

大衛．福斯特 (David Foster) 著／陳永財 譯／HK$78

靈心明辨——在日常生活中體悟上帝的旨意

Discernment: Reading the Signs of Daily Life

盧雲 (Henri J. M. Nouwen)、克理斯坦森 (Michael J. Christensen)、萊爾德 (Rebecca Laird) 著／黃大業 譯／HK$98

感恩

Uncommon Gratitude: Alleluia for All That Is

羅雲 · 威廉斯（Rowan Williams）、卓滌娜（Joan Chittister）著
陳恩明 譯／ HK$83

信為何物——基督教信仰簡介

Tokens of Trust: An Introduction to Christian Belief

羅雲 · 威廉斯（Rowan Williams）著／陳恩明 譯／ HK$78

禱告不是偽術——返璞歸真的祈禱

Prayers Plainly Spoken

侯活士（Stanley Hauerwas）著／禤智偉 譯／ HK$68

當祂在十架上——與侯活士默想基督最後七言

Cross-Shattered Christ: Meditations on the Seven Last Words

侯活士（Stanley Hauerwas）著／紀榮智 譯／ HK$53

與上帝同行的生命旅程

Living in the Companionship of God

簡 · 約翰遜（Jan Johnson）著／李小釗 譯／ HK$68

凡事信靠：詩篇二十三篇

Trusting God for Everything: Psalm 23

簡 · 約翰遜（Jan Johnson）著／李小釗 譯／ HK$68

緊扣時代 服事教會

以文字傳揚基督真道

讀者意見表

衷心多謝你購買本社書籍。本社一直致力以出版事工服事教會，幫助信徒扎根於神的話語，促進靈命增長。為使我們的出版更能滿足你的需要，請填寫下列各項資料，並寄回或傳真予本社。

所購書籍：＿＿＿＿＿＿＿＿＿＿

本書最吸引你的地方：
□作者 □適切性 □文筆 □設計 □實用性
□其他：＿＿＿＿＿＿＿＿＿＿

購買本書地點：
□基道書樓 □基督教書店 □非基督教書店

性別：□男 □女 職業：＿＿＿＿＿＿

信仰：□基督徒 □非基督徒

年齡：□ 16 歲或以下 □ 17～25 歲 □ 26～35 歲
□ 36～55 歲 □ 56 歲或以上

學歷：□中三或以下 □中五 □預科
□大學 □研究院

□我欲更多了解基道出版社的事工及考慮支持，請寄給我下列資料：
□機構簡介 □新書資料 □基道會員通訊
□《基道文字事工通訊》

姓名：＿＿＿＿＿＿＿＿電話：＿＿＿＿＿＿

地址：＿＿＿＿＿＿＿＿＿＿＿＿＿＿＿＿

＿＿＿＿＿＿＿＿＿＿＿＿＿＿＿＿

傳真：＿＿＿＿＿＿ 電子郵件：＿＿＿＿＿＿

其他意見：＿＿＿＿＿＿＿＿＿＿＿＿＿＿

＿＿＿＿＿＿＿＿＿＿＿＿＿＿＿＿

多謝賜教！

意見表可以傳真（2687-0281）或直接郵寄以下地址：
香港沙田火炭坳背灣街26號富騰工業中心1011室
基道出版社編輯部收